HELLMUT BRUNNER · HIEROGLYPHISCHE CHRESTOMATHIE

HELLMUT BRUNNER

HIEROGLYPHISCHE CHRESTOMATHIE

2., verbesserte Auflage

1992

OTTO HARRASSOWITZ · WIESBADEN

Die Deutsche Bibliothek - CIP-Einheitsaufnahme

Hieroglyphische Chrestomathie / Hellmut Brunner. - 2., verb.
Aufl. - Wiesbaden : Harrassowitz, 1992
ISBN 3-447-03271-5
NE: Brunner, Hellmut [Hrsg.]

Druck und Verarbeitung: BoD, Norderstedt
Printed in Germany

ISBN 3-447-3271-5

Otto Harrassowitz GmbH & Co. KG
Kreuzberger Ring 7c-d, D-65205 Wiesbaden,
produktsicherheit.verlag@harrassowitz.de

INHALTSVERZEICHNIS

Vorwort zur ersten Auflage VII
Vorwort zur zweiten Auflage VIII

Tafel

Altes Reich

Opfertafel der Nefret-Iabet 1
Inschrift eines Hundegrabes 2
Scheintür des *Nj-św-Rdj* 3
Aus den Pyramidentexten 4
Lied und Rede von Hirten 5

Erste Wirre und Mittleres Reich

Denkstein des *Ḥfnr* 6
Denkstein eines Antef 7
Graffito des Königs Mentuhotep aus dem Wadi Hammamat 8
Aus den Sargtexten 9
Denkstein eines Amenemhet 10
Graffito eines Amenemhet aus dem Wadi Hammamat 11
Zierinschrift Amenhets III. 12
Denkstein eines Sebekhotep 13

Neues Reich

Denkstein des Königs Ahmose 14
Denkstein des Wesirs User 15
Bogenschieß-Relief Amenophis' II. 16
Gebet aus dem Grab des Eje in Amarna 17
Sonnenhymnus des Haremhab 18
Aus der Hethiter-Schlacht Sethos' I. 19
Aus der Kadesch-Schlacht Ramses' II. 20
Aus dem Amduat (Kursive Hieroglyphen) 21

Spätzeit

Holzstele der Itj 22
Aus dem Papyrus Jumilhac (Kursive Hieroglyphen) 23
Denkstein des Cha-Hap aus dem Serapeum 24
Denkstein Nektanebês' I. aus Naukratis 25/26
Aus der Metternich-Stele 27
Aus dem Tempel von Philae 28

VORWORT ZUR ERSTEN AUFLAGE

Nur wenige der Universitäten, an denen die Kenntnis der Hieroglyphen gelehrt wird, sind in der glücklichen Lage, in unmittelbarer Nähe so umfangreiche ägyptische Museen zu haben, daß die Studenten Inschriften der verschiedenen Zeiten und Stile von den Originalen lesen können. So kommt es, daß immer wieder junge Ägyptologen abgeschlossener Ausbildung im Lande selbst mit größter Mühe die Inschriften der Denkmäler „entziffern" müssen, sobald die Zeichenformen und -anordnungen von den bequem für den Unterricht hergerichteten Ausgaben abweichen. Hier soll diese kleine Chrestomathie helfen, indem sie die Möglichkeit schafft, im akademischen Unterricht die Studenten mit den wichtigsten Typen hieroglyphischer Texte bekanntzumachen. Von der frühen Pyramidenzeit bis zur Ptolemäzeit, von Privatinschriften und religiösen Texten bis zu königlichen Zierinschriften sind mannigfaltige Zeugnisse zusammengestellt.

Die Beschaffung von geeigneten Vorlagen, also möglichst gut erhaltenen, in der Photographie lesbaren und in sich abgeschlossenen Texten, erwies sich als ungeahnt schwierig. Der Fachgenosse möge es dem Büchlein deshalb nachsehen, wenn er das eine oder andere Genos, das er gerne verwendet hätte, vermißt. Der zunächst aufgestellte Plan hatte manchen Text vorgesehen, der dann aus diesem oder jenem Grund nicht aufgenommen werden konnte. Vielleicht aber wird sich die Zusammenstellung trotz aller Mängel als nützlich erweisen.

Die Anmerkungen sind vorwiegend paläographischer Art, werden aber gelegentlich durch grammatische oder auch inhaltliche Hinweise ergänzt. Die Literaturhinweise streben keine Vollständigkeit an, sondern wollen besonders dort die Möglichkeit eines Rückgriffes auf eine Original-Veröffentlichung ermöglichen, wo sich einmal die Wiedergabe als mangelhaft erweisen sollte.

Zahlreiche Kollegen waren bei der Beschaffung der Vorlagen behilflich. Zu Dank verpflichtet bin ich den Leitern folgender Museen und Institute für Photographien und Veröffentlichungserlaubnis: Berlin, Staatliche Museen (Taf. 6, 12, 22, 26); Boston, Museum of Fine Arts (Taf. 2 und 3); Chicago, Oriental Institute (Taf. 9); Grenoble, Musée de Peinture et de Sculpture (Taf. 15); Hannover, Kestner-Museum (Taf. 10); Kairo, Centre of Documentation (Taf. 20); Kairo, Deutsches Archäologisches Institut (Taf. 8, 14, 23/24); London, British Museum (Taf. 18); New York, Metropolitan Museum of Art (Taf. 27) und Paris, Louvre (Taf. 1). Ihnen sowie den Herren Dr. Dieter Arnold und Dr. Erik Hornung (Taf. 16 und 21) sei dieser Dank hiermit von Herzen abgestattet. Der Verlag Harrassowitz hat sich die größte Mühe gegeben, das Bändchen sowohl durch gute Wiedergabe der Abbildungen als auch durch niedrigen Preis brauchbar zu gestalten, was bei den entgegengesetzten Richtungen, nach denen diese beiden Bedingungen zogen, nicht einfach war. Seinem Leiter, Herrn Dr. Reichert, sei besonders gedankt.

Tübingen, Dezember 1964 Hellmut Brunner

VORWORT ZUR ZWEITEN AUFLAGE

Die hieroglyphische Chrestomathie hat sich im akademischen Unterricht offenbar bewährt: Die Nachfrage ist in den 27 Jahren seit ihrem ersten Erscheinen stetig geblieben. Dem Verlag Otto Harrassowitz sei gedankt, daß er trotz der geringen Absatz- und Auflagenhöhe, wie sie die auch in überfüllten Universitäten erfreulicherweise niedrige Zahl ernsthafter Ägyptologie-Studenten mit sich bringt, eine Neuauflage unternimmt – er erweist sich dadurch als ein wahrhaft wissenschaftlicher Verlag.

Die Tafeln sind unverändert übernommen, doch hat sich ihre Reihenfolge, einer strengen Chronologie folgend, leicht geändert. Die, wie in der ersten Auflage, bewußt knapp gehaltenen epigraphischen und grammatischen Anmerkungen wurden der fortgeschrittenen Forschung angepaßt – Vollständigkeit ist hier so wenig wie bei den Literaturangaben angestrebt, da die Hilfe eines akademischen Lehrers vorausgesetzt ist. Für Hinweise bei der neueren Literatur danke ich Frau Prof. Waltraut Guglielmi herzlich.

Tübingen, März 1992

Hellmut Brunner

TAFELN

Opfertafel der Nefret-Iabet. Kalkstein. Höhe 35 cm. Louvre E 15591. 4. Dynastie.

Literatur: Ch. Boreux in Rev. de l'Ég. Anc. I, 1925, Taf. 2; Ch. Ziegler, Louvre, Stèles, peintures et reliefs égyptiens de l'Ancien Empire, Paris 1990, Titelblatt; S. 38, Nr. 29; S. 187–189, Nr. 29.

Inschrift eines Hundegrabes. Als Spolie in der Mastaba Gise 2188 gefundener Block. Wohl 5. Dynastie. Kairo, Museum, Nr. J 67573. Breite 54 cm.

Literatur: Bull. Mus. of fine Arts, Boston, Bd. 34, S. 96; H. Gg. Fischer, in: ZÄS 93, 1966, S. 57 ff.; H. Brunner, in ZÄS 95, 1968, S. 72.

Z. 1: Letztes Zeichen:  .

Z. 3: Letztes Zeichen:  .

Z. 5: Erstes Zeichen:  .
Vor dem ꜣ ein , nicht  (der schräge Strich ist ein Kratzer).

Z. 7: Erstes Zeichen:  ; letzte Zeichen:  .

Letzte Zeile, erstes Zeichen:  .

Z. 5–7: Das jeweils erste Wort dieser drei Zeilen gehört nicht in den Zusammenhang des Textes; vielmehr bilden diese drei Substantive zusammen eine verkürzte Liste der mitgegebenen Grabausrüstung. Die Zeilentrenner waren ursprünglich innerhalb dieser „Liste" nicht durchgezogen.

Z. 9: Auf dem  sitzt ein  auf.

Scheintür des *Nj-św-Rḏj* aus Gise. Kalkstein. Höhe: 79 cm. 5. Dynastie. Boston, Museum of Fine Arts, Nr. 21. 961.

Literatur: Wreszinski und Schäfer, Atlas III, Taf. 21; Urk. I, 226.

Linker Außenpfosten: Zu 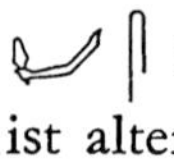 s. Edel, Altäg. Gr. I, § 59.
wꜣt ist altertümlich ohne *t* geschrieben.

Rechter Außenpfosten: Es ist wohl *mꜣꜥ(t)* (Edel, Altäg. Gr. I, § 351) zu lesen, nicht das Adverb *mꜣꜥ*; vgl. Urk. I 71, 17.

Name der Tochter: *ꜥnḫ-rpwt*, Ranke, PN I, 417, 2.

Zum Namen des Sohnes rechts vgl. Ranke, PN I, 276, 5.

Tafel 4

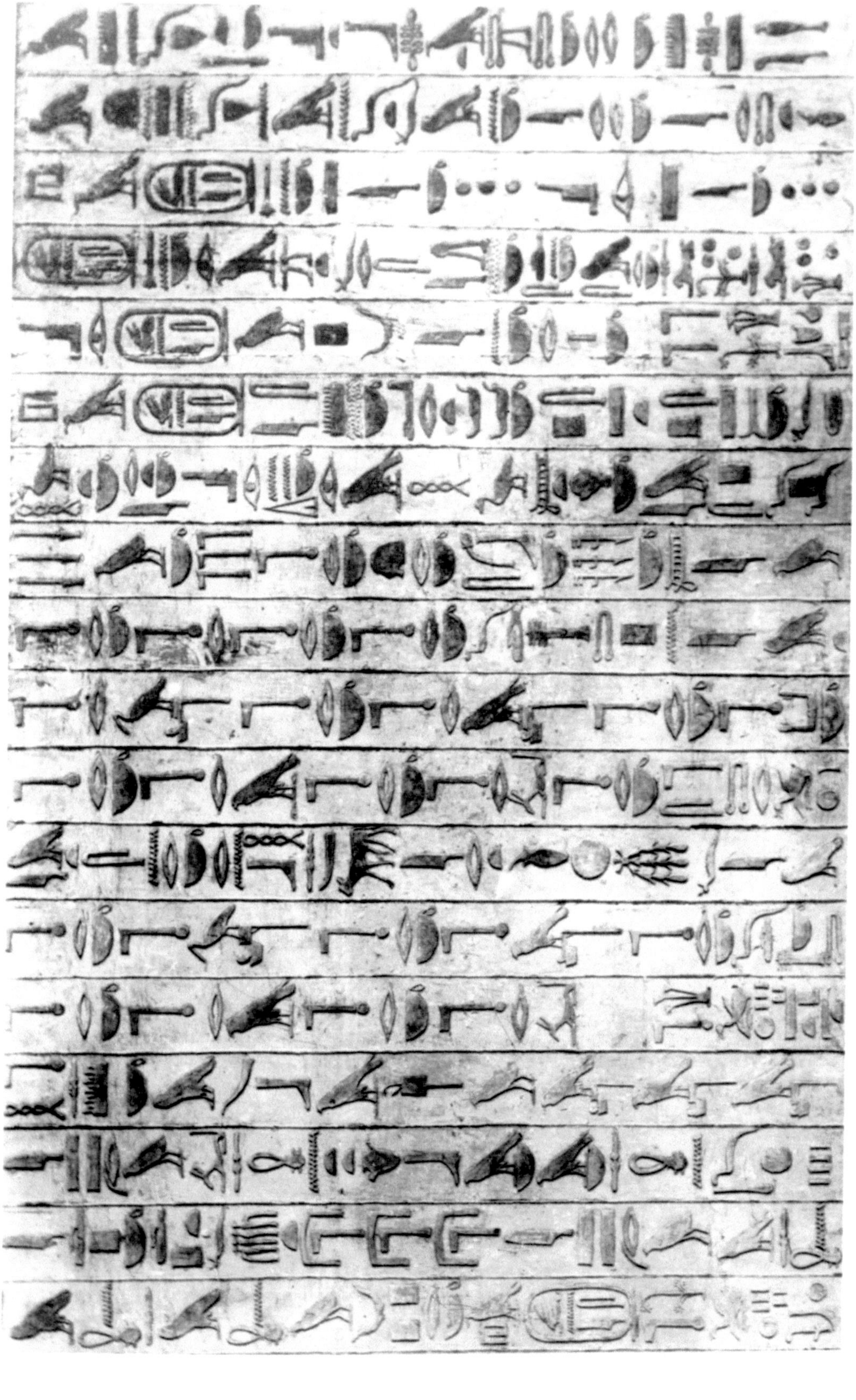

Aus den Pyramidentexten. Spr. 34—42 nach W.

Literatur: C. Dolzani, in: Aegyptus 48, 1968, S. 5 ff.

Z. 1: Das erste Zeichen ist —+—.
𓊹 *nṯrj*

Z. 2: l. *sḫjw-nṯr*, vgl. Grdseloff in ASAE 51, S. 139f.

Z. 5: *št-pt* Wadi Natrûn.

Z. 6: Unten: Vgl. WB V 628, 4 und Edel, Altäg. Gr. I, § 180.

Z. 11: *tp rꜣk* „auf (in) deinem Munde“.
l. *jtmwj*, s. Edel, Altäg. Gr. I, § 574.

Z. 12: Zu *pḏpḏ* vgl. Sethe, Dramatische Texte, S. 207.

Z. 14: Zum *nṯrj*-Gerät s. Eb. Otto, Mundöffnungsritual, S. 17f.

Z. 17: Das zweite *n* in *mnḏ* ist fehlerhaft.

Z. 18: *jṯṯwk* Part. Pass. Imperf.

Lied und Rede von Hirten aus dem Grabe des Ti.

Literatur: Wreszinski und Schäfer, Atlas III, Taf. 44. Zum Lied vgl. H. Altenmüller, in: CdE 48, 1973, S. 211 f.; B. Vachala, in: ZÄS 115, 1988, S. 160–163; G. Meyer, in: SAK 17, 1990, S. 235–284.

Lied, Z. 3 Mitte: Das beschädigte Zeichen über 𓈖 ist 𓍿.

Rede, Z. 2 re.: Das Determinativ zu *jꜣꜥ* ist viell. eine Zunge.

Tafel 6

Denkstein des *Ḥfnr (Ḥfl)*. Kalkstein. Aus Abydos. Berlin Nr. 1197. 11. Dynastie. Breite 70 cm.

Literatur: LD II 144s; Aeg. Inschr. Berlin I, 162.

Der Name der Frau ist wohl *ḥḳ(t)* zu lesen.

Denkstein eines Antef aus Ḳurna. Kalkstein. Höhe 82 cm. Kairo 20003.

Literatur: Le Musée I, Taf. 18; Lange und Schäfer, Grab- und Denksteine (CGC), Nr. 20003; Bibl. aeg. X, § 2.

Z. 1: *wnj*: Gardiner, Gr.³, §§ 309, Anm. 10 und 328, 1.

Z. 2: Anfang: .
Ende: Der Strich durch  ist ein Kratzer. Zum Zeichen s. Gardiner, Gr.³, Z 6.

Z. 3: 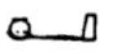 für .

Z. 5: Der Haken nach *Ḫww* ist aus dem hieratischen Zeichen für  entstanden (Möller, Paläogr. I, 216b).

Z. 7: l. *m mẖntj* (Haplographie).

Z. 8: Das vierte Zeichen ist wohl ein hieratisches  (Vorschlag Clère).

Z. 9:  für .
Über der Frau: *Mrjt-Jwnjt.*

Graffito (Felsinschrift) des Königs Mentuhotep aus dem Wadi Hammamat, 11. Dynastie.

Literatur: J. Couyat und P. Montet, Les Inscriptions hiéroglyphiques et hiératiques du Ouadi Hammâmât (Mém. de l'Inst. Franç. d'Archéol. Or., T. 34), Taf. XXXVI, Nr. 191; W. Schenkel, Memphis, Herakleopolis, Theben, Nr. 444.

Z. 1: Das undeutliche Zeichen im Namen der Königsmutter ist 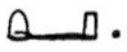.

Z. 2:  *ḥwt* „Regen" oder „Wasserstrom".

Z. 3: 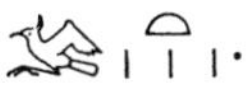.

Z. 5:  *Jwntjw.*

Z. 6: .

.

Z. 7: Das irrige Determinativ  wohl von *wt.*

Z. 9: Das Zeichen vor *dw3* ist 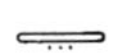 .

Aus den Sargtexten, Spr. 1, 20, 21, 22, nach dem Sarg T 9 C (Kairo CGC 28027).

Z. 4: Als Suffix an *jtw* lies  statt .
Hinter Osiris lies  statt .

Z. 5: Als Suffix an 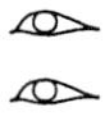 lies  statt  ?

Z. 6: Lies *mꜣśt.*

Z. 7: Am Ende lies 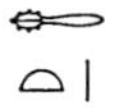.

Z. 9: Mitte: statt *jsw* lies *ḳrśw* (Varr.).
Gegen Ende: .

Z. 10: Zu *jtt* s. ZÄS 79, S. 75.

Z. 11: Zwischen  und  ergänze: ⟨⟩.

Z. 12:  ist Dittographie bei Zeilenwechsel. Das hieratische Zeichen zwischen den zwei  ist . Lies *jnbt.*

Z. 17: *jpt*: die Varr. haben *rpjt.*

Z. 19: *Rꜥ*: Dittographie bei Zeilenwechsel.

Z. 20: *r* nach Osiris ist zu streichen.

Z. 21: *ḫr Rꜥ*: Haplographie.
nśt, *jt* und *jbw* sind die drei Dinge.

Z. 22: *śḫt* ist .

Z. 23: Hinter dem ersten *rdwjkj* ergänze mit Varr. 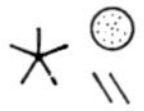.

Z. 24: Der Spruch schließt mit dem zweiten *rdwjkj*, hinter dem *m tr nb m wnwt nbt* zu ergänzen ist. Die beiden folgenden Sätze beginnen einen neuen Spruch.

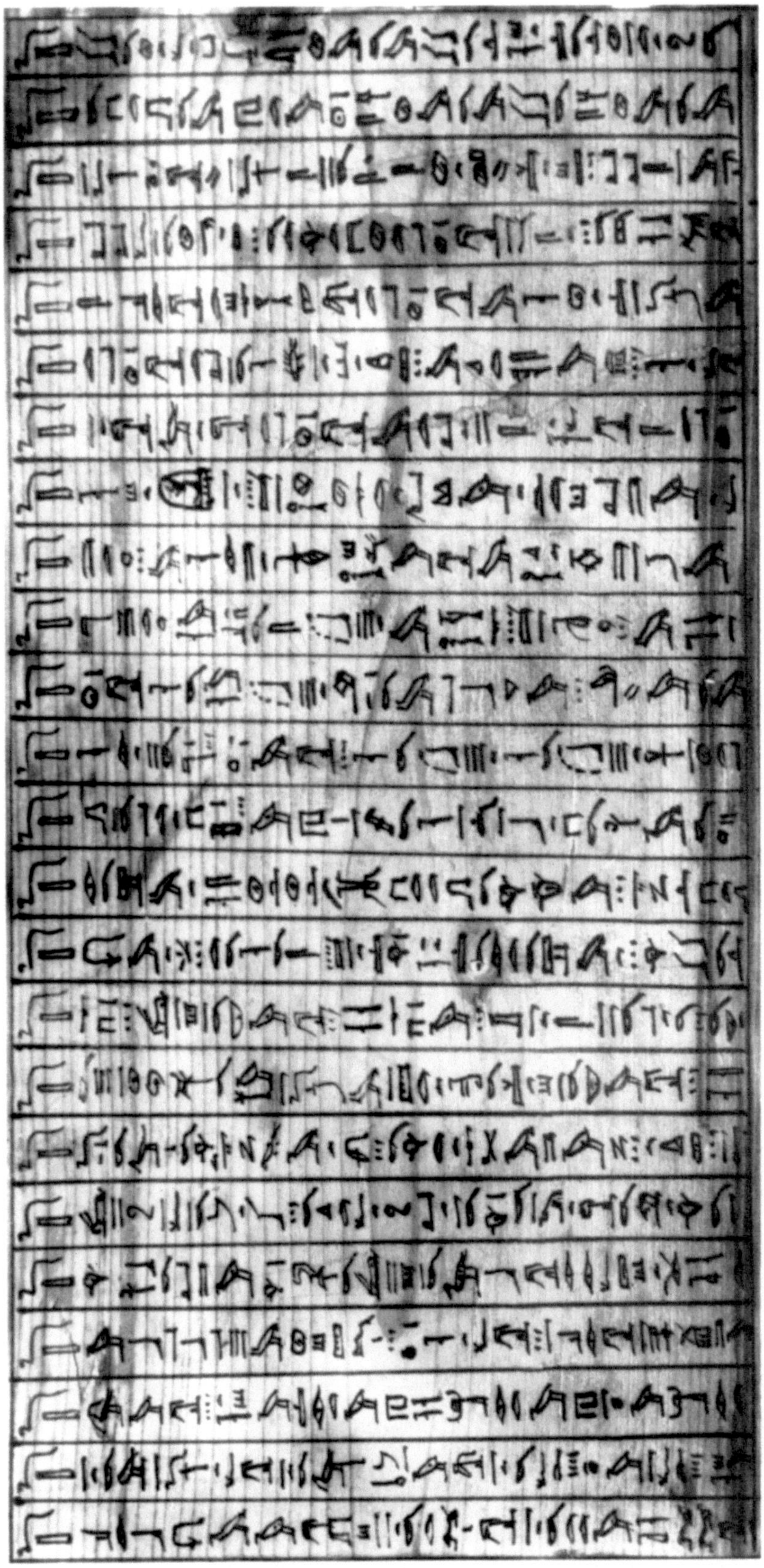

Tafel 10

Denkstein eines Amenemhet. Kalkstein. Höhe 69,5 cm. Hannover, Kestner-Museum Nr. 2927. 12. Dynastie.

Literatur: M. Cramer in ZÄS 72, 1936, Taf. IV, 3; I. Woldering, Ausgewählte Werke der ägyptischen Sammlung[2], 1958, Abb. 22.

Z. 2: Letzte Zeichengruppe: .

Z. 3: Hinter *šwt*: .

Z. 6:  l. *nmt*.

Graffito eines Amenemhet aus dem Wadi Hammamat.

Literatur: J. Couyat und P. Montet, Les Inscriptions hiéroglyphiques et hiératiques du Ouâdi Hammâmât (MIFAO 34), Taf. XX.

Z. 2: Als erstes Zeichen lies  .

Z. 5: Über dem  ein kaum sichtbares  .

Z. 7: Das zweite Zeichen ist  in hierat. Form.
Das Zahlzeichen  in hierat. Form.

Z. 9: Das erste Zeichen ist  in hierat. Form.
Das letzte Zeichen ist  in hierat. Form.

Z. 11: Das Determinativ von *ḥb* ist wohl  .

Z. 13: Der erste Ortsname ist *Ḏbꜣ* „Edfu". Das  in hierat. Form, vgl. Prisse 13, 10.

Z. 14: Das erste Wort  ?
Zu *m ḫtw* s. E. Edel in ZÄS 84, S. 19ff.
Das folgende Zeichen ist .

Z. 15:  ı ı ı ist *s* 3.
Das folgende Zeichen ist .

Z. 16: Erstes Zeichen ist wohl  .

Z. 17: Das erste Zeichen ist  .
Entweder  oder .

Tafel 12

Zierinschrift Amenemhets III. aus einem Tempel des Gottes Sobek in Krokodilopolis. Kalkstein. Höhe 1,04 m. Berlin Nr. 16953.

Literatur: H. Schäfer, Von äg. Kunst[4], 1963, Taf. 21, S. 361 ff.

Das Heiligtum mit dem Ochsenkopf hat die Lesung *šdt.* Die Doppelung in den Zeilen neben dem Königsring in der Mitte bringt die Lesung als Dual: *šdtj* und damit die Nisbe-Form.

Mittelzeile: Der Königsname auf dem Gold-Zeichen klingt an den „Goldhorus"-Namen der Königstitulatur an.

Auflockerung der Symmetrie: 1. Mittelzeile. 2. Das Zeichen  hat rechts die drei Querstriche, die links fehlen. 3. Das Wort *mrjj* in den zweitäußeren Zeilen ist rechts in „falscher" Richtung geschrieben.

Tafel 13

Denkstein eines Sebekhotep. Kalkstein. Höhe 42 cm. Tübingen Nr. 458.

Literatur: W. Spiegelberg und B. Pörtner, Ägyptische Grabsteine und Denksteine aus süddeutschen Sammlungen I, Taf. II, Nr. 4; G. Steindorff in ZÄS 39, S. 117ff.; K. Sethe, Äg. Lesestücke, S. 88f.; E. Brunner-Traut und H. Brunner, Die Äg. Sammlung der Universität Tübingen, 1981, S. 87f. und Tab. 57.

Z. 15: Letztes Wort: Kaum *ḏbꜣt* „Kasten“, eher Vermögen oder *ḳrśt* „Begräbnis“ = Grabausrüstung oder *šnwt* „Scheune“ (so W. Spiegelberg, in: ZÄS 45, 1908, S. 69).

Tafel 14

Denkstein des Königs Ahmose aus Abydos. Kalkstein. Höhe 2,25 m. Kairo.

Literatur: P. Lacau, Stèles du Nouvel Empire (CGC) Nr. 34002; Urk. IV, 26ff.

Z. 6: An der zerstörten Stelle l. .

Z. 7: An der zerstörten Stelle l. .

Z. 8: Die beschädigten Zeichen l. .

Denkstein des Wesirs User im Museum von Grenoble, vielleicht aus seinem Grabe (Theben Nr. 131).

Literatur: P. Tresson, Catal. des Antiqu. égypt. de la salle Feriol, Grenoble, Taf. I; Urk. IV, 1041 q, 1030–1033; G. Kueny und J. Yoyotte, Grenoble, Musée des Beaux Arts, Collection égyptienne. 1979. S. 35–37, Nr. 19.

Im Giebel rechts heißt der Mann 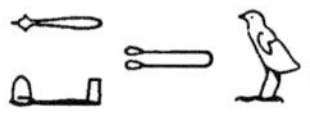, seine Frau 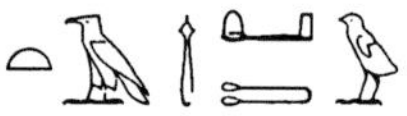.

Z. 2 ist bei einer anderen Verwendung des Steines teilweise zerstört worden (wohl vor Echnaton). Am Anfang l. .

Z. 3: Das letzte Wort ist 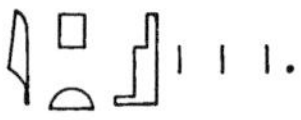.

Z. 5: Hinter *ḥbf* l. .

Z. 7: *wꜥb ṯsw*, s. WB V 407, 17? Oder *wꜥb wṯs*, s. WB I 384, 5?

Z. 10: Vor dem Zeichen der Göttin *Mꜣꜥt* l. 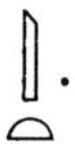.

Tafel 16

Bogenschieß-Relief Amenophis' II. aus dem 3. Pylon von Karnak, Granit. Höhe 1,70 m. Jetzt vor dem Luxor-Museum aufgestellt.

Literatur: H. Chevrier in ASAE 28, S. 126; H. Schäfer in OLZ 1929, Sp. 233 ff.; Urk. IV 1321 f.; P. Der Manuelian, Studies in the Reign of Amenophis II., HAB 26, 1987, S. 204 f.

Z. 6: Ende: l. 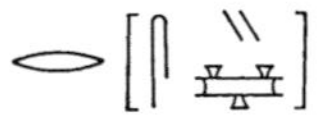.

Z. 7: Ende: das halbzerstörte Zeichen ist .

Über der Zielscheibe: 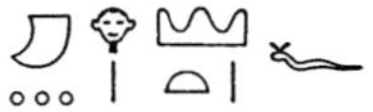, s. WB III, 235, 15—17.

Unter den Pferden: Die drei Striche sind . Die beschädigten Zeichen am Ende von Z. 5: 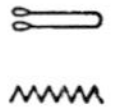.

Aus dem Gebet des Eje in seinem Grab in Amarna.

Literatur: N. de G. Davies, The Rock Tombs of El Amarna VI, Taf. XXXVIII.

Z. 4: Mitte: an der zerstörten Stelle l. *nśwt bjt ꜥnḫ m mꜣꜥt*.
Z. 5: Die beiden Zeichen unter *ḥmf* sind 𓈚 und 𓈙 (für 𓊃).
Z. 8: Das letzte Wort, *ḥꜥpj*, beginnt eine neue Bildreihe, die sich in der folgenden Zeile fortsetzt.

1 5 8

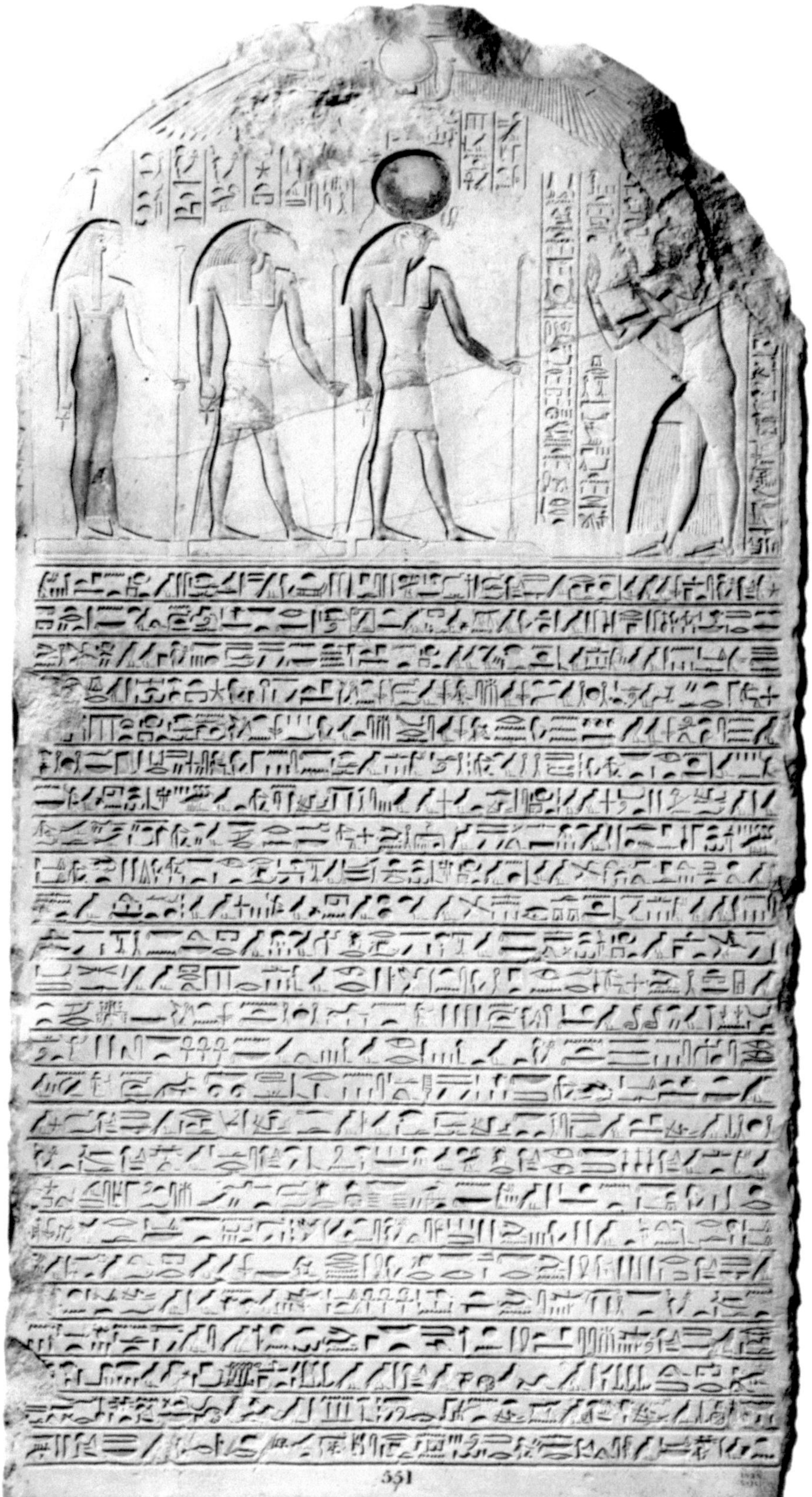

Sonnenhymnus des Haremhab aus Sakkara. Kalkstein. Höhe 1,95 m. British Museum Nr. 551.

Literatur: Porter und Moss, Topogr. Bibl. III, S. 196. I. E. S. Edwards, Hieroglyphic Texts VIII, Taf. 28; G. Th. Martin, The Memphite Tomb of Horemheb I, 1989, S. 29 ff., Nr. 7, Taf. 21, 22.

Z. 3: *ḫꜥ.wj tw*: Gardiner, Gr.³ § 374.
l. *śtj nk tꜣwj ⟨m⟩ mfkꜣt.*

Z. 4 Ende: ergänze: .

Z. 5: l. *ḫꜥw ⟨m⟩ ꜣḫt.*
Ende der Zeile: .

Z. 9: Erstes Zeichen: .
 ist Part. Perf. Passiv, Plural.

Z. 13:  *trw?*
Die Krone: *ꜣtf.*
 l. *mrtj.*

Z. 14:  „schön, vollkommen“ (Adj.).

Z. 15: *pꜣwtj*  *ḥrj sštꜣ.*

Z. 18: 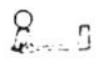 *m ẖrt hrw.*

Z. 21:  *nṯ.* Am Ende der Zeile lies: 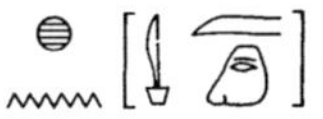.

Z. 22: 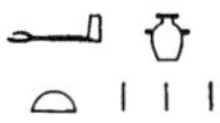 *ꜥntjw.*

Z. 23: Letztes Zeichen: .

Z. 24: .
Ende der Zeile: .

Aus der Hethiter-Schlacht Sethos' I. Beischrift zu einem Relief an der nördlichen Außenwand der Großen Säulensaales in Karnak (Porter und Moss, Topogr. Bibl. II, S. 22 (62)).

Literatur: Wreszinski, Atlas II, Taf. 45.

Z. 1: Die beschädigte Stelle im Königsnamen ist 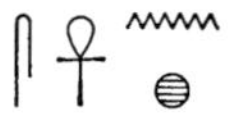 .

Z. 3: Ergänze  .

Z. 4: Ergänze  wie unten in Z. 9.

Z. 7: Hinter Baal lies .

Z. 11: Statt lies  .

Z. 12: An der beschädigten Stelle lies .

Z. 13: Vor den beiden Hörnern lies , darunter .

Das Determinativ zu *tjtj* ist ein niederschlagender König.

Z. 14: Das letzte Wort ist  .

Z. 15: Das letzte Wort ist .

Tafel 20

Aus der Kadesch-Schlacht Ramses' II. Anfang des sog. Berichtes nach der Überlieferung im Tempel von Abusimbel.

Literatur: Wreszinski, Atlas II, Taf. 176; A. H. Gardiner, The Kadesh Inscriptions, S. 28ff.; Ch. Kuentz, La Bataille de Qadesh, S. 184ff.

Z. 1: Zwischen *dj ꜥnḫ* und *ḥmf* ergänze: .

Z. 2: Das Zeichen rechts der beiden  ist .

Z. 4: Das Determinativ zu *š3św* ist der hockende Gefangene mit auf dem Rücken gebundenen Armen.
Am Ende der Zeile ergänze ein .

Z. 8: Über dem beschädigten Fremdlandzeichen ergänze ein □.

Z. 9:  nach *ḫnt* überflüssig.
In der Lücke ergänze: *š3św n3j*. Danach l. *mdwt*.

Z. 10: Unten: *n jb n* „in der Absicht".

Z. 11: Nach *ḥr* l. .

Z. 12: Beginn: .
In der Lücke: 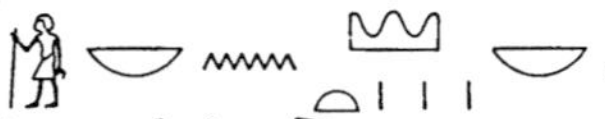.
Das Zeichen hinter *ꜥḥꜥ* ist .

Z. 13: Die zerstörten oder beschädigten Zeichen: .
Vor *ḥmf* l. *śndm* .

Z. 14: Anfang:  + Det. eines Stuhles.

Z. 16: Gegen Ende: l. *ḏd nśn* statt *ḏdśn*.

Z. 20: Anfang: .
Ende: Verbessert aus  in 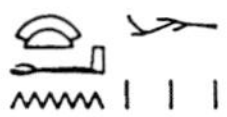.

Aus dem Amduat; 7. Stunde, mittlerer Streifen. Grab Thuthmosis' III.

Literatur: E. Hornung, Amduat I, 124f.

Schrift rückläufig. Eine waagerechte Zeile als Überschrift, darunter 20 senkrechte Zeilen. Die Beischriften zu den Göttern stehen zuerst rot in Normalschrift, dahinter schwarz in Kryptographie.

Waagerechte Zeile: Hinter 440 l. □ (aus dem Hieratischen entstellt).
Statt des Striches unter [Hieroglyphe] l. [Hieroglyphe].
Am Ende ergänze ein [Hieroglyphe].

Senkrechte Z. 5: *njm* „sich bewegen".

Z. 7: *jwf* „Fleisch" ist Bezeichnung für den Sonnengott.

Z. 8: ⊙ l. *jrt* „Auge".

Z. 9: Vor *m tp* ist das *śpḥw* aus Z. 10 einzufügen.

Z. 10: *ḥrj-dśwf* = Name des Gottes am Schwanz der Schlange.

Z. 15: □ ist *pw*; *nkj* = *njk*.

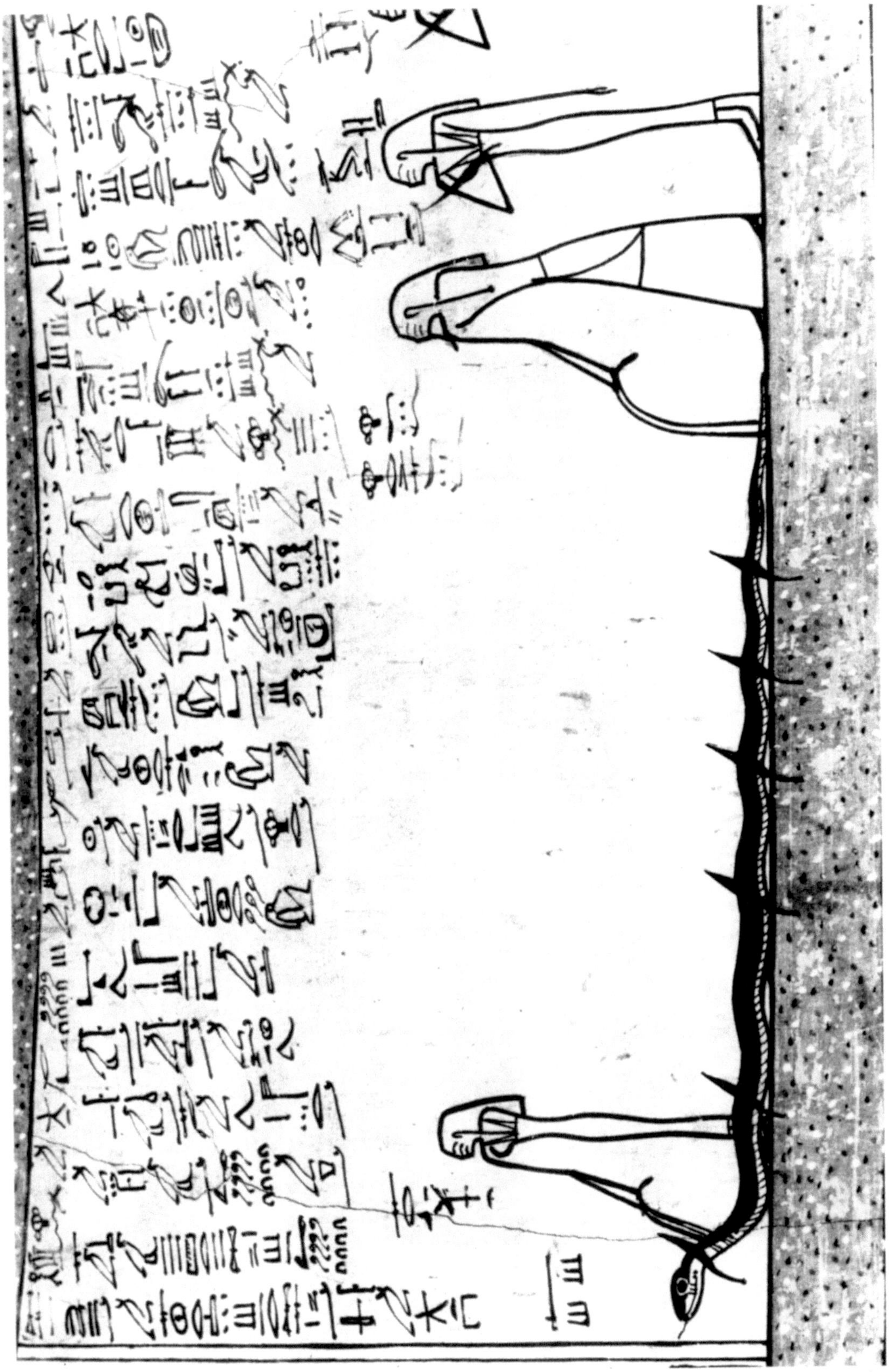

Bemalte Holzstele der Itj. Höhe: 0,33 m. Berlin 830. 25. Dynastie.

Literatur: P. Munro, Die spätägyptischen Totenstelen. 1973, S. 190; Index und Addenda: S. 24, 180, 190.

Aus dem Pap. Jumilhac (Louvre E 17110). III 25—IV 24 und III b 19—IV b 28.

Literatur: J. Vandier, Le Papyrus Jumilhac.

III Z. 25: *hrw pn* ist Schluß des vorigen Abschnittes.

IV Z. 1: *św*.

Z. 2:  *ḥnꜥ*.

Z. 4: *ꜥḫ* l. *ꜥḫ*, WB I 225, 11. — 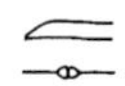 *jmś*.

Z. 6:  l. *ꜣw* (>*jꜣwt* > *ꜥwt*) (?). — *nḏm*, *mꜣśn* ist Subjekt dazu.

Z. 7: *ḫkrw* Pseudopartizip? Oder Bezeichnung f. Osiris?

Z. 9: *wt* „das Balsamierungshaus“.
mḥt ist die Lesung des Tierbalg-Fetisches (*jmj-wt*).
ḏśr „eingrenzen“, „bewachen“.

Z. 11: *nw* „umwickeln“, Psp. — *twt* „vereinigen“, Psp.

Z. 14: Die drei Sterne sind *nṯrw* zu lesen. — l. *wbn.śn*.

Z. 15: *śn* war ausgelassen und ist nachträglich eingefügt.

Z. 16: Nach *ḥnꜥ* l. *wṯtw* „Schöpfer, Erzeuger“.
Der stehende Widder ist *bꜣ*.

Z. 17: *ḏd r* „d.h., genannt“.

Z. 19: Hinter Neith l. *bꜣjt*.

Z. 21: Vor Isis ein Auslassungszeichen; hier ist das *śnt* auf dem oberen Rand einzufügen.
jr m ꜥwꜣ ein Schutzgott.

Z. 24: Der Abschnitt endet mit *Ḫntj-Ḫm*.

Unterer Teil:

III Z. 19: *ḫbś-tꜣ* „Arbeitsfest“.

Z. 20: Die vier *jbd*-Zeichen nachträglich eingefügt.

IV Z. 1: Hinter *jmntj* Auslassung, unten nachgetragen.
Vogel *ḳbḳ* vielleicht = *gbgꜣ*, WB V 165, 2.

Z. 3: *Jꜣbtt* l. *ꜣbḏw*.

Z. 6: Vor *ḥr* Auslassungszeichen, *mn* unten nachgetragen.

Z. 7: *m rpjt* „als (weibliche) Statue“.
m ḥr n „vor“, „gegenüber“.
Statt des nach *mntj* würde man *jm* erwarten.

Z. 8: *sḫwj* o.ä. „Kinnbacken“.

Z. 10: ⊿ *ḳꜣw* „Hügel“, „Anhöhe“.

Z. 10/11: *dhnt*.

Z. 12: Das Suffix *f* an *sꜣ* eingefügt und unter dem unteren Rand wiederholt.
Κεντεχθαι.

Z. 14: *Ṯkw* Pithom.

Z. 15/16: *wfꜣ* „Lunge“. — Phallus: l. wahrscheinlich *mṯꜣ*.

Z. 17: *śpr* „Rippe“. — l. *gjt*, WB V 157, 11.

Z. 18: *śḏḥ*.

Z. 19: *fnt* „Wurm“.

Z. 20: Der Falkengott ist *ꜥntj*.

Z. 21: l. *mṯꜣ* „Phallus“.

Z. 23: l. *ṯmś* WB V 369, 6.
 neuäg. Orthographie.

Z. 25:  neuäg. Orthographie, Erman, Näg. Gr.[2] § 614.

Z. 26: *mḥ m* „sich bemächtigen“.

Z. 27: Vier Eingeweide-Krüge (nicht vier Herzen!); Lesung unsicher. Die drei letzten Zeichen sind unverständlich.

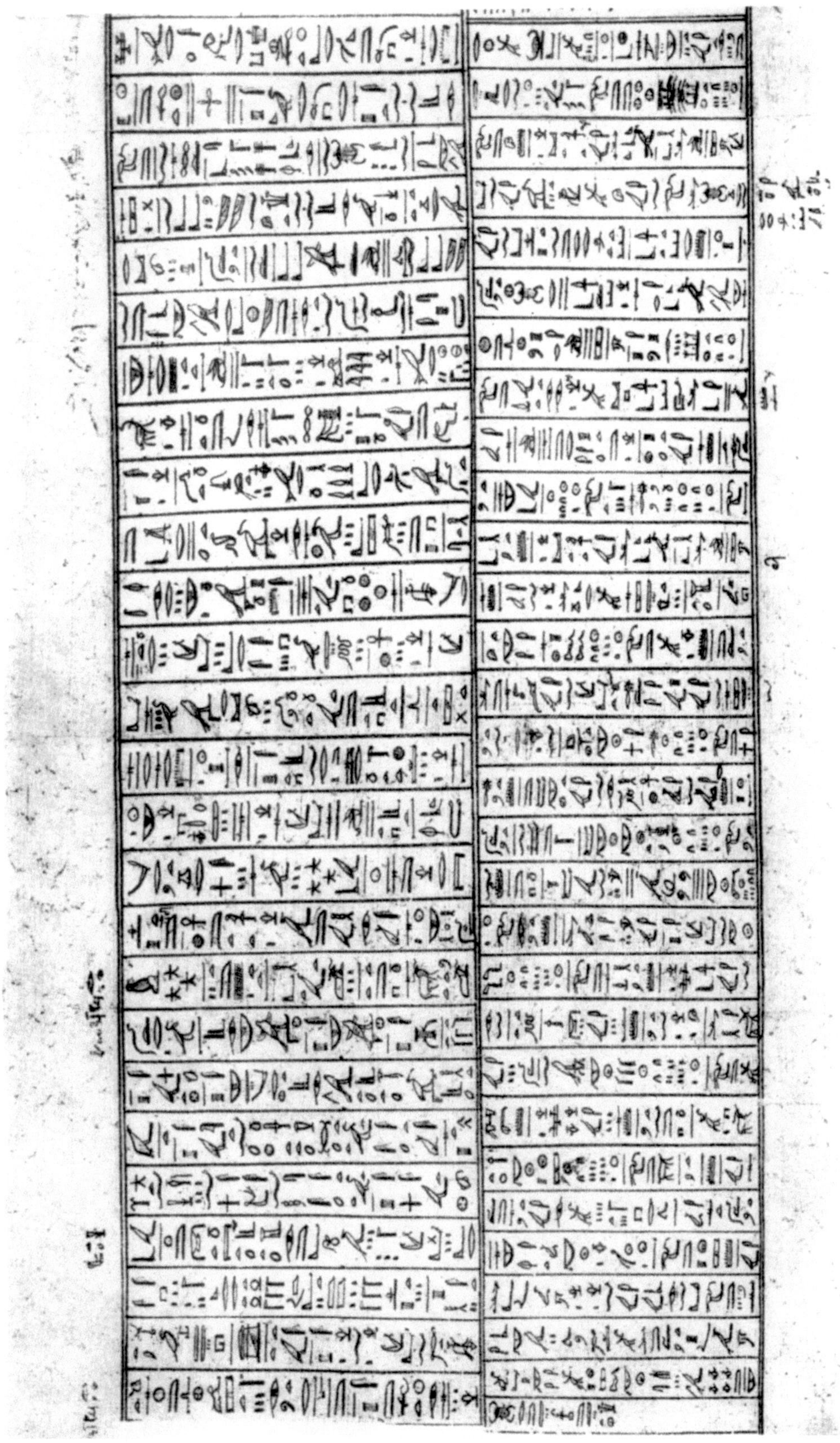

Denkstein des Cha-Hap (273—203) aus dem Serapeum von Memphis. Berlin 2118. Höhe 74 cm.

Literatur: H. Schäfer, in: ZÄS 40, 1902/03. S. 31 ff. mit Taf. I; Urk. II 162—166; J. Quaegebeur, in: CdE 49, 1974, S. 62; D. Wildung, Imhotep und Amenhotep, MÄS 36, 1977, S. 55 f., § 33.

Vor dem Mann: Zur Lesung des Namens der Mutter vgl. die Variante in Z. 9.

Z. 2: Das Zeichen nach *nṯr* ist .
Das letzte ist zu streichen oder unter das erste Zeichen der nächsten Zeile zu ziehen.

Z. 3: Nach Osiris l.  statt .
Mitte l.  statt , ebenso das erste Zeichen in Z. 5.

Z. 4: Mitte l. *sš-ˁ-wbꜣ*.

Z. 5: Zum Ortsnamen vgl. Gauthier, Dict. Géogr. I, 171.

Z. 6:  l. *ḫprśn*.
Am Ende der Zeile fehlt ein .

Z. 7: 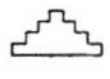 l. *ˁr. r ḫr(t)* Nekropole, speziell das Serapeum.
Beim letzten, fast zerstörten Zeichen deutliche Reste von .

Z. 8: 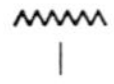 „für mich, in meinem Interesse"?

Z. 9: Links: Das Zeichen unter dem hat die Form , d.i. *ḫrt-nṯr*.

Z. 10: Hinter *nḥḥ* ist *sp 2* zerstört.

Die Übersetzung der drei demotischen Zeilen lautet: „Der Tag der Geburt des Polizeiobersten Cha-hap, (Sohnes des) Polizeiobersten Paneith, den geboren hat die Te-nen-Neter, ist der 14. (oder 15.?) Tag des 3. Monats der *prt*-Jahreszeit im Jahre 12 [Ptolemaios' II. = 273]; der Tag des Todes ist der 4. (oder 5.?) Tag des 1. Monats der *prt*-Jahreszeit im Jahre 2. Seine Lebenszeit beträgt 69 Jahre, 9 Monate und 20 Tage. Es lebe seine Seele in alle Ewigkeit!" (Zur Chronologie s. P.W. Pestman, Chronologie égypt. d'après les textes démotique, 1967, S. 18.)

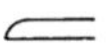

14 10 5 1

14 10 5 1

Tafel 25/26

Stele Nektanebês I. aus Naukratis. Basalt. Höhe 1,58 m. Kairo, Museum.

Literatur: Le Musée I, Taf. 45; B. Gunn in JEA 29, S. 55 ff.; Gg. Posener, in: ASAE 34, 1934, S. 141 ff.; M. Lichtheim, in: Studies in Honor of George R. Hughes, 1977, S. 139 ff.; dies., Anc. Eg. Literature III, 1980, S. 86—89.

Viele eigentümliche Schreibungen, besonders Bevorzugung von Einkonsonantenzeichen.

Z. 1: Unten:  *tjt Rʿ*.

 *ʿʿ* für *ʿwj*.

Z. 2: 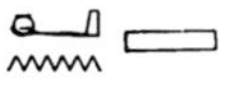 *mnḫ*.

 *šṯnj*.

 *ḥḥ*.

 *ḫrjt-tp* „Uräusschlange“.

 *bjḳ* für *bꜣḳ*.

 *ḫtm!*

Die beschädigten Zeichen danach sind .

 *mḳmḳ* > *mḳ* „schützen“.

Die letzte Gruppe ist  ϩⲟⲙⲧ

Z. 3: 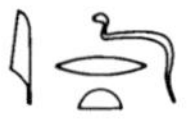 *jtrtj*.

 *dšr*.

 *šntjw*.

 *ẖꜣḳ*.

 *ꜣḫw*.

 *šsp*.

 *jḳrt*.

Z. 4:  *wꜣt*.

 *šꜣj s nb*(?).

 ẖr(?).

 WB V 157, 4—6.

 *mj Rʿ*.

 Lesung ʿ,  für , lies *djwnj!*

Z. 5:  *ꜣḫw.*

 *štꜣ.*

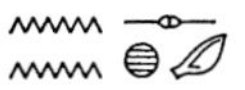 *nn šẖ.*

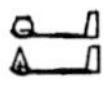 *mdw.*

 *nṯr.*

Z. 6:  *mꜣꜥ.*

Z. 7: Die springende Gazelle für , *jb*, hier „Herz“.

Statt  lies .

Z. 8: 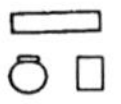 *ḫnp.*

 *ḳbḥ.*

 *nb nḥḥ.*

Z. 9: Zum Zeichen der Hand mit einem Ei oder einem Kieselstein vgl. JEA 54, 1968, S. 236; zu der Ortschaft Yoyotte, in: MDAIK 16, 1958, S. 423–430.

Z. 11:  WB III, 220, 14.

 *ḏdꜣ.*

Z. 12: 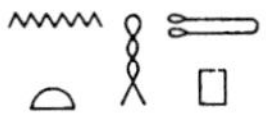 *ḥtp-nṯr.*

Das letzte Zeichen der Zeile ist *Nt*, „Neith“, zu lesen, vgl. ASAE 34, S. 147 f.

Z. 13:  *jḫt.*

 = .

 *tpjw-ꜥ.*

 *ḫr* oder *r* (?).

 *ḥntj.*

Z. 14:  = 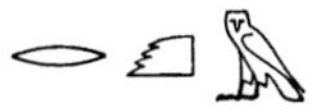 (Z. 10).

Tafel 27

Aus der Metternichstele; Z. 48—88. 30. Dynastie.

Die Zeilen stehen auf der Rückseite des Steines. Die Stele, ehemals im Besitz des Fürsten Metternich, befindet sich heute im Metropolitan Museum of Art in New York, Fletcher Fund 1950, Accession no. 50. 85.

Literatur: W. S. Golenischeff, Die Metternichstele, 1877; N. Scott in: Bull. Metrop. Mus. of Art, April 1951; C. E. Sander-Hansen, Die Texte der Metternichstele (Analecta aegypt. VII), 1956; J. F. Borghouts, Ancient Eg. Magical Texts, 1978, S. 59 ff., Nr. 90 und S. 69 ff., Nr. 93.

Z. 51:  *bḥ* „dienen". —  „Pause" (*grḥ*).

Z. 52:  wohl Schreibfehler für , vgl. Z. 64.

Z. 54: *n ntjw (r) ḥnʿj.*

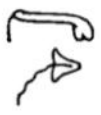 *mtwt* „Gift".

l. .

Z. 56: 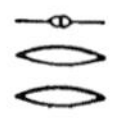 *śpẖr.*

Z. 58: *ntjw m gȝw ḥtjt.*

Z. 59: l.  *ḥkȝ* statt  *ḥkȝ.*

Ende: 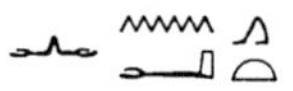.

Z. 60: .

Z. 61: *m śḫmś.*

Z. 63: *twj m wʿ* „ich bin alleinstehend".

Z. 65:  l. *ḥȝpt.*

Z. 68:  Partizip (für ).

Z. 72:  s. Gardiner, Gr.[3] § 437.

Z. 73: *ḏdbn.św ḏȝrt.*

Z. 78: l. *mnʿn*  *mjt.*

Z. 81 f.:  *śḫm.*

Z. 84:  *rʿ nb.*

 *šnʿ.*

Z. 86:  *pȝ ntj.*

 *jmj* „gib".

Z. 88:  *mt.*

.

48
50
55
59
60–80
81
85
88

Aus dem Tempel der Isis in Philae, Südwand des Hypostyls, Westecke (P.-M. VI, S. 233 (266)). Philae Photo Nr. 674. Euergetes II/Ptolemaios VIII.

Vor Osiris:

Śnmwt: Bigge.
Jwrk: Philae *P-jwrk* > Πιλακ > ⲡⲓⲗⲁⲕϩ „Insel der Urzeit".
J͗3t wˁbt: Abaton.

Die große Inschrift hinter Osiris:

Z. 1: *r nṯrw* l. *jw nṯrw*.
pśḏt.
Ḏḥwtj.

Z. 2: *m3j*.
mk „schützen".

Z. 3: *m jw b3k*.
ḥtp⟨k⟩.
ẖ3t „Leichnam".
ḏ3j m3ˁ WB V 514, 13.

Z. 4: Statt □ l. □.
ḫm „nicht wissen" > „sich nicht kümmern um" > „fortgehen von".

Z. 5: *ḫm śk* Partizip.
hinter *ḥr* zu streichen.
nb.
Das zweite ⊗ und sind zu streichen.
r.

Z. 6: statt .
In der Fuge l. .

Z. 7: *rrm* s. Macadam, Kawa I, Taf. 5/6, Z. 20, Text S. 13 und Fr. Daumas, in: RdE 27, 1975, S. 102 ff.

Z. 8: *ḥk3*.
Das halbzerstörte Zeichen in der Fuge könnte sein.